ediciones**carena**

ALFONSO ECHÁVARRI

TRAZOS DE VIDA
SOBRE LIENZOS DE NOCHE

UN VIAJE A TRAVÉS DE ESTO QUE SE LLAMA VIVIR

Primera edición: junio de 2024

© Alfonso Echávarri, 2024

© Ediciones Carena, 2024

Ediciones Carena
c/Alpens, 31-33
08014 Barcelona
T. 934 310 283
info@edicionescarena.com
WWW.EDICIONESCARENA.COM

Diseño de la cubierta: Sandra Jiménez

Coordinación y revisión: Jesús Martínez
WWW.REPORTEROJESUS.COM

Depósito legal B 12039-2024

ISBN 978-84-19890-83-2

Impreso en España - Printed in Spain

Para Agustín, maestro pintor de trazos de vida.

Para Lucas, Daniel y María,
        para cuando seáis mayores.

Algunas personas miran al mundo y dicen: «¿Por qué?». Otras miran al mundo y dicen: «¿Por qué no?».

George Bernard Shaw

UNAS LÍNEAS ANTES DE COMENZAR

Me gustaría explicarte la manera en la que surgen los poemas que ahora tienes en tus manos. No me considero un poeta de esos que maravillosamente armonizan sus palabras y cosen sus versos en sutiles pentagramas. Sencillamente, soy un descriptor de imágenes. Tengo la fortuna de dedicar mi vida profesional, con vocación, a acompañar a personas que viven sumergidas en diferentes crisis que hacen que el aire se resista y la luz se rinda. Cada ocasión se traduce en una especie de fotografía, algunas en blanco y negro; otras, en colores. Estas imágenes quedan muy grabadas en mi mente y cuando decido contar lo que veo, miro dentro de ellas y las describo. Nada más. Como te digo, algunas de estas «fotografías» corresponden a mi labor profesional. Las enfermedades mentales, el vacío existencial, la pérdida del sentido de vida. Te resultará fácil identificarlas. Otras tienen que ver con mi vida personal. Y, por último, también las hay en relación con otros asuntos que han tenido la capacidad de crear imágenes en mí, por su trascendencia. Espero y deseo que estas líneas que estás a punto de hacerlas tuyas no te dejen indiferente.

Alfonso Echávarri

11

Siempre es posible algo diferente ante la noche. Siempre está la oportunidad de pintar vida sobre el lienzo oscuro.

LIENZO DE NOCHE

Lienzo de noche
cada vez que una lágrima se abandona a su suerte
y muere sin sentido en las manos de la vergüenza.
Lienzo de noche
cuando las letras no encuentran las palabras en la que juntarse
y se rinden derrotadas
para perder la razón entre venenos y puñales.
Lienzo de noche
en las miradas esquivas y cobardes
que pintan de colores las tragedias,
los llantos,
las muertes congeladas a distancias infinitas,
las soledades oscuras,
las lápidas de invierno y frío
y el silencio de las heridas disecadas.
Lienzo de noche
para ahogar a los difuntos,

para acallar los cielos de los inocentes,
para partir la vida en dos mitades.
Y para el miedo poderoso y la hiel perpetua.
Para la angustia amarrada y seca.
Lienzo de noche
cada vez que no puedes y lo crees.
Cada toalla arrojada,
cada rendición sobre la lona,
cada mañana amarga,
es lienzo de noche.

Existen violencias detrás de las puertas. Violencias muchas veces calladas por vergüenza y por miedo a más violencia. Violencias de silencio y llantos escondidos. Maltratos cobardes de personas cobardes y oscuras.

LIENZO DE NOCHE

Corre y grítale al viento,
que está dormido.
Grítale a la cara,
para que despierte y comprenda tu miedo
y no se lleve tus palabras en volandas.
Corre y zarandea el tronco de ese árbol que se queda en el tiempo
mientras todo lo demás pasa.
Que sus hojas de otoño pongan sonido a la tierra
mientras le lloras tu tristeza y tu rabia.
Corre
y agarra por el cuello a tu silencio,
para que no grite.
Porque si el silencio grita
la verdad no se atreve a desnudarse
y se cree muy pequeña.

Corre deprisa,
que la piel del cordero acecha cuando se cierra la puerta
y ya no tiene vergüenza de nada.
Corre para decirle a los años que acepten su final,
que nunca más serán cómplices de poner colorete a la infamia
y a los golpes
ni a las medio sonrisas fingidas cada tarde.
Corre para detener el temblor de tus manos,
que ya toca que puedas secarte las lágrimas a la primera
¡Que no existan más ladridos que te exijan!
Corre, vuela
que ya son días para decir.
Son días para que sometas a tu tormenta
a cientos de soles y miles de lunas.
Son días para al adiós de esas noches sin futuro
entre las sábanas del miedo.
Corre para que nunca vuelvan esas mañanas
en las que cuesta respirar
porque nada cambia.
Corre, corre y corre.
Porque tu cara no merece el disimulo
ni tus brazos el morado.
Que la vida te espera para ese café en la calle de la luz,
en la esquina del tiempo arrepentido.

A quien no puede defenderse. A quien pretenden que sea solo ley, que no justicia.

LIENZO DE NOCHE

Hoy me ha dolido tu grito
cuando no puedes defenderte con un llanto.
Hoy me ha dolido mucho.
Porque ya no tienes nombre,
ni ojitos en los que poner el tiempo.
Qué pena, niño, qué pena
que te hayan abierto la puerta del frío
para intentar olvidarte entre excusas y argumentos blasfemos
porque no cabes en corazones repletos de nada.
No sé quién eres.
Aunque imagino manitas esperando
y sonrisa generosa confiada al sueño.
No te conozco,
pero me duele tu alma pequeña entregada a lo alto.
Mis ojos se llenan de penas
y dan vida a dos lágrimas resbaladas
por no poder acunarte entre nanas y miradas,

mientras te fundes con mis brazos confiando tus manitas indefensas.
Me duele tu alma pequeña
y no te conozco.
No conoceré tu risa imposible ni tu mañana que no será
porque molestas porque no convienes.
Pero guardaré tu nombre que no tienes en mi rabia.
Para que seas vida en los puños apretados de los justos.

Esa gente mayor que cruza su mirada con la tuya.
Y entonces es cuando estremeces.

TRAZOS DE VIDA

Es el tiempo quien juega con la nieve de tu pelo
mientras la vida se queda a vivir en las arrugas de tus manos,
adormecida por un tiempo
que ha hecho añicos cada trozo de memoria,
cada rato de recuerdos,
cada historia ya desgastada de tanto usarla.
Es el tiempo quien juega con el frío de tus dedos
mientras las despedidas,
mientras las esperas,
mientras las miradas de cristal y sueño.
Temo romper el momento,
la magia de la fragilidad bajo tu ropa.
Temo romper la cordura de aquel niño que fuiste cuando las historias.
Temo ignorar tu triunfo sobre las estaciones y los vientos
porque es el tiempo quien juega con tus días
y con tus zapatillas de pana
y con tus ganas de verme alguna tarde.

Porque es el tiempo el que juega a hacerte mayor
en casi un instante.
Mirar hacia atrás
es casi un instante
y, sin embargo, haces posible soñar que habrá otro día.

La depresión es la enfermedad que no se entiende, que pesa, que hace sentir la culpa y que cuestiona la existencia por caminos de tristeza.

LIENZO DE NOCHE

Sin quererlo abro la puerta de la nada
para encontrarte pequeño
en un rincón de tu miedo.
Te tiendo la mano y no la ves de tanto negro.
Te tiendo mi locura para sacarte del abismo
y tú te agarras a las esquinas de un par de tristezas.
¿Qué es lo que te seca el alma?
Me dices que ha sido el sol,
que se ha ido.
Que ha sido el sol.
Pero yo veo el sol y no te entiendo.
No entiendo que no quieras.
No entiendo que no puedas.
No entiendo que hayas decidido ir apagándote a escondidas
mientras las noches se eternizan y te engañan
cuando te dicen que ya no hay sol.

Deseo gritar a tu angustia desde dentro
para despertarte de este sueño
que un día se quedó a morir contigo.
Deseo agarrarte por tu vida
y sacarte de las olas y de los barcos encallados.
«El sol está aquí, mira, que no se ha ido.»
Pero pesa más tu mirada
que todos los cielos desnudos
que se ofrecen sin complejos para rescatarte
un trozo de aire a empujones y lienzos de colores.
Pesa más tu mirada
que todo mi deseo en que despiertes
para el sol,
para la vida.

Cientos de ocasiones para decirte que gracias por tu vida a mi lado.

TRAZOS DE VIDA

Hoy he encontrado cinco razones
para seguir escribiendo
en el libro de los recuerdos.
Y nos sentaremos los cuatro,
tú, yo, tu vida y la mía.
Para leer despacio
con la pausa del viento entre los años y las hojas
y nuestras manos aún entrelazadas.
En cada rincón del tiempo
encontré vida sabiendo de tus ojos.
En cada rincón del tiempo, tu risa.
Hoy sé que no hay arenas invencibles.
Hoy sé que las arenas no se acaban a tu lado.
Por eso he encontrado cinco razones más
para seguir escribiendo mañana,
cuando nuestros labios sean testigos de los años
que vendrán después de los inviernos.
Encontraremos un hueco en nuestras almas

para sentarnos los cuatro
y contarnos qué tal nos ha ido.
Sin fríos, sin prisas, sin miedos.

Ese vacío rotundo que deja la persona que se ha ido para siempre.
Es el duelo, dolor, cuando el adiós, cuando la pérdida.

LIENZO DE NOCHE

Y de repente te encuentras respirando a trozos
cuando todo lo demás sigue.
Miras y miras y miras
suplicando su encuentro y su voz.
Pero no está la magia de sus manos
ni el tiempo necesario.
El tiempo se ha ido para siempre
y los espacios se vuelven vacíos e insonoros.
Mientras,
su ausencia se sienta en el sofá con un café.
Es la ausencia lo que queda
y la que se queda
para ofrecerte su compañía entre recuerdos como espinas
que se clavan en los días y en las noches infinitas.
No hay tregua para el dolor desde dentro.
No hay perdón para los años suficientes.

No hay lugar para el consuelo regalado por bocas buenas
y por un tiempo que lo cura.
Todavía no hay hueco para que venga la vida.
Todavía.

Cuando la razón se agrieta, el miedo y la incomprensión se dan la mano.
Es la enfermedad mental.

LIENZO DE NOCHE

No tiene el poder la tormenta ni la herida.
No gana siempre el grito que se crece
y se descara.
No todo dura hasta faltar el aire
y el mañana.
Pero el engaño de la angustia susurra fácil
y confunde al sonido que se viste de voces imposibles
que te hacen creer que eres nada.
No tiene poder la tormenta
pero temes que llegue cada noche el estruendo de los árboles agitados.
Temes que llegue el pensamiento
y juegue a ser locura,
a ser fantasmas,
a ser imposibles tormentos que recelan
y sospechan que viven con las sombras de los miedos que se quedan.
No tiene poder la herida.
Pero pesa ante los ojos que señalan sin mirar

y no entienden de triunfos sin tambores ni estandartes.
No siempre gana el grito descarado,
pero asusta cuando despierta al viento
y llama a la soledad extrema,
para que venga
y para que se quede un rato contigo
hasta que las trazas de colores adormezcan la intemperie
y consigan anestesiar con mentiras
al monstruo enfurecido.

A veces la vida pesa tanto que es difícil encontrar motivos para continuar. Es entonces cuando algunas personas creen que no tienen fuerzas para seguir viviendo.

LIENZO DE NOCHE

Me dices que te pesa la vida.
Y que ya no encuentras luces a las que enganchar el alma.
Me hablas de vacíos
y de cristales de invierno
que callan cuando al otro lado
todo sigue entre gentes indoloras.
Me cuentas sobre cansancios arraigados como uñas.
Y de noches tiranas y de agujas
que despiertan al sueño y le recuerdan la hora
para que no se duerma entre doscientas vueltas
y no se rinda.
Tu angustia se ha quedado muda
buscando otras manos que la acojan.
Pero las manos reclean de la angustia
y se tapan los ojos
porque no saben qué decirle al sufrimiento.

No saben cómo convencer al tiempo para que crea
y agarre tu alma con fuerza
para que no caiga en un campo de escarchas.
No saben cómo ofrecerte un recipiente de plata
para que no se pierda ni una sola de tus lágrimas.
Yo no tengo un final de cuento que ofrecerte.
No puedo arrancar las tragedias adheridas a tu piel.
Yo también temo al miedo de tu miedo,
de no estar a la altura que mereces
y aún no sabes.
Pero sé que la oscuridad no siempre gana
mientras queden estrellas a las que poner nombre.
No gana mientras se encuentren dos miradas diferentes
que hablan,
que se cantan
que se abrazan.

Es verdad, el tiempo no lo cura todo. Espero seguir echándote en falta siempre.
A mi padre.

LIENZO DE NOCHE

No hay vida sin duelo.
Ni duelo sin perder algún pedacito de vida para siempre.
Aún no he aprendido a salir de este laberinto
que me invita a buscarte entre los vivos,
en el que tu ausencia se funde con la rabia
que siento por tu muerte.
Dos rosas han traído tres espinas para recordarte.
Dos rosas han perfumado tu nombre
para que el recuerdo no se olvide entre las tumbas
Mientras,
las calles permanecen
y siguen esperando a las gentes,
a los chiquillos y a las lunas.
Aún sigo suplicando que el mal sueño me despierte
y todo sea polvo y tu voz.

Pero sé que tu voz se ha ido con tus ojos cerrados
para no dejarlos solos en el viaje.
Pido al tiempo que traiga las velas de los años
para que las soplemos juntos
y pidamos el deseo imposible.
Ruego a los años que alcen ya banderas blancas
para poder encontrarme un hueco en el que ponerte
y agarrar tu mano
como cuando niño
en los días de villancicos, nieve y frío.

Cuando tus hijos te dan el mejor de los regalos. Lucas.

TRAZOS DE VIDA

Hoy me regalas tu manita y los charcos
para acariciar juntos
todos los minutos
entre palabras que se intuyen en tu boca.
Hoy me regalas tu risa confiada
que desafía con descaro al ruido de los hombres
mientras el tiempo te encuentra distraído
y te lleva en volandas
por tu mundo de juguetes y de historias blancas.
Hoy me regalas tus brazos en mi cuello
y depositas tus miedos a mi lado
para que los molinos no crezcan y te asusten.
Hoy me regalas tus ojos
que se entregan generosos al encuentro de mi alma
y la acarician para sacarla para siempre de la nieve.
Hoy me regalas toda tu vida
sin saberlo
y a cambio
no me pides nada.
Acaso un cómplice para custodiar tus sueños.

Cuando una persona pierde el sentido de su vida, esta se vuelve fría, distante, ya no susurra canciones al oído.

LIENZO DE NOCHE

Aún no es el tiempo de asomarme a los andenes
y a las lágrimas de una mano que se rompe con el viento
mientras todo se hace más pequeño,
hasta el adiós para siempre.
Aún no es el tiempo
y, sin embargo, se para mi vida ante el espejo del vacío
que pregunta por el sentido de las huellas cuando todo se apaga
y ya no quedan luces a las que poner una súplica.
Aún no es el tiempo.
Sé que aún no es el tiempo,
pero se me han perdido seis motivos en la arena
y no los encuentro.
No encuentro al mendigo que le diga a mi sangre que no rinda las armas.
No encuentro al loco escudero
que crea en mi armadura
y en mi angustia hasta los huesos.
Sé que aún no es mi tiempo

pero las voces de las flores se han avergonzado a mi lado
y ya no cantan a mi reflejo roto.
No entonan estribillos sobre colores imposibles,
melodías sobre luces y aromas
cuando mis párpados no obedecen
y comienzan los bailes en los mares de mis ojos.
No es tiempo,
pero no sé adónde ir a buscar fortuna y los caminos,
no sé encontrar las notas que ayer eran música y hoy silencio.

Se nos olvidan demasiado pronto los muertos que no son nuestros.
Aquellas personas que murieron solas durante los meses de pandemia.
Aquellas cifras, aquellas curvas.

LIENZO DE NOCHE

Un día y otro y otro.
Y otro día más
que se engancha a las tragedias
y a las curvas sin piedad.
Las curvas no saben lo que esconden
mientras lloran las gentes
y suplican para que el nombre sea nombre y no se olvide.
Que no se olvide el nombre que fue mirada y risa.
Que no se olviden las manos que murieron solas.
Que no se olvide a quien no olvida.
El recuerdo tiene miedo porque se ha perdido
y no encuentra el camino de las flores
para el adiós.
El recuerdo tiene miedo de las noches
porque le traen los nombres y las manos que murieron solas.

El recuerdo tiene miedo de quedarse quieto
porque no entiende
que el milagro no quiera hacerse lámpara y caricia.
Las gentes seguirán llorando por sus muertos,
por los que se fueron en silencio
y sin acabar sus sueños.

Esas miradas blancas llenas de hambre, esos cuerpos que se rompen en blanco y negro. Esa maldita costumbre de que algo duela solo cuando es noticia.

LIENZO DE NOCHE

Siento no tener más memoria
para poder gritar más alto después del tiempo.
Sé que tu historia pesa lo mismo que tu cuerpo
y que tu dignidad protesta en cada esquina del hambre.
Tus enormes ojos miran de frente a la vergüenza,
como lunas llenas
que martillean las conciencias impolutas de los hielos.
Cada trozo de pan
me recuerda tu cara que sonríe sin motivo
y me enseña la forja de los héroes que se abandonan a su muerte.
No existen las mañanas
porque la noche decide quién despierta
y quién deja sitio para el polvo.
La noche no llora por los muertos,
la noche no lleva la cuenta.

Pero los muertos lloran por los que aún no están muertos,
lloran porque miles de ojos enormes como lunas llenas
siguen llorando.
Les duelen demasiado los caminos
y las palabras de aire de conciencias de plástico
que miran de reojo a los estómagos hinchados de injusticia,
enormes como los ojos, como las lunas.
La noche ya no quiere llevar la cuenta
porque hasta la noche se cansa y protesta.
Ya no le caben más niños en sus brazos para siempre,
ni ojos que la miren,
ni lunas llenas.

Esas personas, esos niños devueltos por la mar en cualquier playa.
Y estas miradas que continuarán impasibles con sus vidas.

LIENZO DE NOCHE

Nos romperán las olas y las risas
cada tarde de arenas tranquilas y tiempos infinitos.
Nos romperán los vientos y las cometas.
No habrá lugar para la brisa y el perfume
de pieles maltratadas y orgullosas.
Vendrán de lejos
de tierras secas y valientes
que comercian con el miedo y la tragedia.
Vendrán a rompernos
en mil pedazos la decencia,
harán añicos las miradas distraídas
y las ganas de atardeceres imposibles.
Y se quedarán en la orilla
a la altura de las medusas
inertes y vencidos
sin nombre
sin años que celebrar.

Traerán consigo una esperanza fría y de vidrio
ahogada por la noche y maderas de vergüenza.
Nada más.
Y la tierra prometida
los abrazará como una madre abraza a su hijo muerto
en silencio
y se los llevará para que no moleste al atardecer.
Sin hacer ruido.

Entrega total, sin condiciones, radicalmente.

TRAZOS DE VIDA

Treinta monedas son pocas
para acallar tus clavos
que se meten en mis dudas y las sangran.
No puedo mirar tu mirada
porque no me duelen tus espinas
como a ti te duelen en tu sed.
Me gustaría recoger el agua con mis manos
para que no se pierda la herida encomendada.
Pero mis manos tienen miedo de los truenos y del velo
y cierran los puños,
asustadas,
mientras te entregas confiado.
Te he dejado solo
con el frío del silencio y del vinagre.
Y, sin embargo,
me regalas generoso tu aliento entrecortado.
Te he dejado solo en cada vergüenza de mis dedos
que reclaman una y otra vez tu costado.

Pero Tú has querido ser como yo,
para abrazarme,
para que la noche cubra mis heridas para siempre
mientras tres días esperan impacientes tras la piedra.

Te escribo estas líneas, con música. No pongo tu nombre por respeto y porque forma parte de mi vida profesional. Te estabas muriendo. No querías saberlo, pero, en el fondo, lo sabías. Y me pediste que te acompañase hasta el final.

TRAZOS DE VIDA

Has venido a buscar que te mienta con piedad.
No me conoces,
pero me entregas tus ojeras asustadas
para que intente engañar al tiempo
que se esconde tras de ti con vergüenza.
Es el tiempo quien se ha rendido
y lloriquea sin consuelo por los rincones de cada letra
de la palabra maldita.
Quieres que haga mía tu esperanza
y que lleve al exilio la palabra afilada para que no te muerda.
He visto tu miedo impronunciable en cada gesto
en cada lágrima que das permiso
en cada pregunta que me haces que te tiembla y tambalea.
Pero me quedaré contigo.
Aun cuando me escandalice mi torpeza

para mirarte de frente y sin tapujos,
me quedaré contigo.
Me quedaré contigo hasta el adiós rotundo,
hasta la despedida.
Aunque no sepa acompañarte,
me quedaré contigo.
Aunque no sepa qué decirte,
te lo prometo
me quedaré contigo.

Es posible sentir el vacío más rotundo, la pregunta infinita:
¿Qué hago yo aquí? ¿Qué sentido tiene mi vida?

LIENZO DE NOCHE

A veces es la sombra quien te da la mano
y aprieta para no soltarse,
sin respeto,
como los niños asustados por los ruidos.
No estamos hechos de nada
y, sin embargo,
hay noches en los que la nada
canta terribles nanas al oído para espantar el sueño.
No estamos hechos de nada,
pero la nada se empeña en dibujar figuras asfixiantes
a la altura del alma
para que tiemblen las manos
y rinda la razón.
No estamos hechos de nada,
pero parece que a veces, hay solo nada.
Y no sirve suplicar que no sea para que no siga siendo.

No sirve suplicar que la nada se convierta en pesadilla
que se despierta agitada y grita hasta la afonía
y se resiste a callar,
mientras el corazón se queja.
Porque las pesadillas mueren con la luz.
No estamos hechos de nada,
pero la nada no muere con la luz mientras se convierta en abrazo,
en mano que de sombra que agarra y aprieta
para no soltar,
para decir
que no hay más que nada.

Cuando tus hijos te dan el mejor de los regalos. Daniel.

TRAZOS DE VIDA

Te veo entre sábanas de estrellas blancas
que guardan tus sueños bañados en silencio.
Y es entonces cuando se me para la vida
para quererte con cuidado.
Aún no sabes qué hacer con tus pequeñas manos,
pero intuyes en tus dedos el gesto del abrazo y la plegaria.
Ni tan siquiera la luz
se atreve a romper la magia de observarte
mientras te rindes confiado a mis ojos
desarmados de ruidos y de nubes.
¡Qué fácil es sacudir el desván de la prisa para que el momento
se haga instante!
Y el instante permanezca y no se pierda en la memoria.
Ahora intentaré engañar el tiempo
para quedarme un rato más contigo,
para defender hasta la muerte tu boca que aún no sabe.
Me quedaré contigo un rato más
porque hoy no encuentro mejor lugar en este mundo
para quedarme un rato más contigo.

*Es bueno mirarse al espejo cada cierto tiempo. No para peinarse,
eso es otra cosa.*

TRAZOS DE VIDA

A veces te miro en el espejo
y reconozco en ti
las estaciones traducidas en tu piel
y guardadas con recato en cada gesto.
Te miro y sé quién eres
porque has permanecido fiel en mil batallas
y no has huido
ante las ráfagas de quinientas penas
y trecientos miedos.
Sé quién eres.
Y con los años puestos en tus sienes y en tus párpados,
sé quién eres.
No te he perdido ni entre los tumultos de las horas
ni entre las prisas de las calles y sus gentes distraídas.
Sé quién eres
y no te he agarrado con fuerza en cada rumbo,
aun cuando el camino equivocado y la niebla.
Te miro en el espejo a veces
y me atrevo a saludarte con un guiño.

Alois, amigo. Seguro que muchas personas desearían olvidar tu apellido: Alzhéimer.

LIENZO DE NOCHE

Son los recuerdos los testigos del tiempo
cuando la mirada pide perdón por su cansancio.
Pero fue ayer
cuando tus recuerdos se perdieron
entre la confusión y las aceras de las calles sin nombre para siempre.
En silencio y sin recato
la vida sin huella se pasea ante tus ojos
y te regala generosa el reloj de los minutos
para que dejes de creer en las horas y en los años.
La vida sin huella
te roba los días a escondidas,
con suavidad,
sin misericordia.
Te roba las mañanas
y retuerce los ayeres
en los que la memoria sangra gota a gota hasta el olvido

hasta los nombres
hasta los rostros
hasta las despedidas.

La «locura», como se dice. «Locos», como les llaman. En realidad, personas que sufren en un mundo de caos y miedo.

LIENZO DE NOCHE

Te pido perdón por mi torpeza
al intentar adentrarme en el ovillo de tu vida.
Piso en silencio,
con cuidado de no espantar la química
ni a la injusticia del rechazo.
Respiro con el permiso de tus ojos
para no asustarte
y para decirte que yo no tengo miedo
de los miedos que otros tienen de tus miedos.
Quiero tenderte mi mano
para agarrar tus sonidos y tu voces,
que yo sí te creo cuando tú las oyes
y te engañan.
Deseo recorrer contigo las sombras y los fríos
y caminar sobre las cuerdas de tu pensamiento,
aunque, a veces,
hasta los pies pierden la fe en el equilibrio

y suplican a la barra
que se agarre bien fuerte a las manos que ya dudan.
Son las cuerdas donde habitan los gigantes,
las que luchan por volver a ser otra vez molinos
y así descansar entre cal blanca y amapolas.
Me gustaría darte campos de sonidos de verano
para que reposes tu cansancio sobre la hierba
y puedan abrazarte las mañanas diferentes,
sin prisas
sin miradas apartadas
sin puertas indecentes
ni gritos a distancia.

*No es de sabios esperar a una ocasión mejor: Igual no hay oportu-
nidad de una ocasión mejor: Y entonces, las cosas no dichas pasan a la
columna del «debe»: Para siempre.*

LIENZO DE NOCHE

Hoy he vuelto a caminar sobre las pisadas inconclusas del tiempo
para ir a buscarte
para intentar abrazarte
en la difusa memoria de los años rotos.
Hoy he vuelto a los días de fiesta cuando niño,
al calor de los veranos eternos
y a la seguridad de tu sonrisa
cuando la muerte no cabía aún en la razón de los juegos.
No existía un mañana sin mañana,
ni siquiera había hueco para la duda del negro en la ropa.
No era posible
que la vida admitiese el imposible del vacío para siempre.
Pero hoy
he ido a buscarte,
he ido a darte la mano y un beso en la mejilla,
y ya no estabas.

Ya no estabas después de los años,
ya no estabas después de la porcelana de tus dedos.
No estabas después de tu mirada de cristal.
Sé que el llanto callado de tu sombra permanecerá siempre
conmigo.
Llanto callado por todo lo que quise decirte
y que la mejor ocasión se llevó en sus brazos.
Llanto callado a la altura del lamento,
decorado de latidos que lloran para siempre,
porque hoy he ido a buscarte,
y no estabas.

Quererte es una elección. Elegir quererte y darte las gracias por tu vida a mi lado.

TRAZOS DE VIDA

He venido para cerrar los ojos contigo y quererte.
Para soñar realidades y enloquecernos de la mano.
He venido a cantar flores de invierno
mientras me regalas las raíces del tiempo
que se agarran a nuestra historia.
He venido a quererte sin complejos
porque la vida no espera las hojas
que se rinden derrotadas a vientos inconformes
que tiñen los suelos de alfombras de muerte.
He venido a jugar contigo,
a seguir viviendo.
No para durar.
He venido para vivir cada segundo
que se enamora con locura de las horas intangibles a tu lado.
No son solo los años a tu lado los que duran.
No son solo los años quienes permanecen para el triunfo.
No es solo la arena entre cristales.

Eres tú y soy yo.
Enloquecidos de la mano y con descaro.
Con los ojos cerrados y soñando juntos
cada aire
cada gota de vida
cada luna.

No ganan los ejércitos. Ni tan siquiera gana el derecho, ni la razón ni
la justicia. Es la muerte quien gana en una guerra. Siempre la muerte.
A quienes son responsables de una guerra.

LIENZO DE NOCHE

Cada gota de llanto te espera.
Cada gota de sangre sin sentido durmiendo en el asfalto,
cada mirada de muerte y vidrio cuenta.
No me hables de tus iras y de tus locuras
que los niños ya no salen a jugar.
No me hables de raza, de honor, de fronteras,
que no quiero escuchar tu vómito de escarcha.
¿No ves el miedo que has pintado en las nubes?
¿No oyes el horror que has puesto en las calles de hierro retorcido?
¿No tocas con tus dedos el frío de las vidas despreciadas?
Mereces los ojos de los muertos cada noche.
Mereces el barro como lecho.
Mereces que los sueños agrietados te despierten cada hora.
Bajo tierra te esperan escondidos
los futuros inconclusos de los hijos de los muertos.

Bajo tierra ansían que el sonido se apodere del estruendo del
tambor.
Cada gota de llanto
cada sangre sin sentido
cada mirada de muerte y vidrio
te espera.

Agustín, mi suegro. Me diste la oportunidad de compartir noches de hospital. Lección de vida. Sin aire, pero con valentía. Hasta el final.

TRAZOS DE VIDA SOBRE LIENZO DE NOCHE

Me has perseguido con tu mirada cuando el aire se niega,
intentando respirar cada momento de vida,
cada sorbo de luz tras la ventana.
Me duele cada intento de tu lucha,
cada rincón de las sábanas revueltas que te abraza.
Me duele tanto
por el silencio que te debo,
por no hablarte de atardeceres y de vacíos en la mesa,
de paredes blancas que te esperarán en vano.
Y mientras mi dolor,
tu batalla.
Armadura de sol y bella espada en cada ahogo,
en cada rasgo de angustia
y en cada fuerza que se escapa
en todas las heridas de tu brazo
que no cede ante la queja.

Batalla que será campo de flores
y silencio de cruces santas.
Instantes de victoria rotunda
de mármol y de memoria incorrupta.

Cuando tus hijos te dan el mejor de los regalos. María.

TRAZOS DE VIDA

Silencio, que los ángeles duermen
y sus manitas despliegan las caricias sin saberlo.
No hagáis ruidos insolentes,
que el sueño se confunde y se despierta asustado.
Mirad. Solo mirad. Es suficiente mirar.
Respirad con sigilo para alimentar el silencio
y que sea cómplice de su almohada.
Así es la magia.
Así es el milagro.
Así es la alegría absoluta
con pinceles
con colores descarados
para que los lienzos hechos de primaveras
abracen los trazos de tu vida.
Silencio
que los ángeles duermen.

ÍNDICE

Esta
primera
edición de *Trazos de
vida sobre lienzos de noche,* de
Alfonso Echávarri, ha sido
impresa con papel ahuesado, de
80 gramos. Se ha utilizado la ti-
pografía Garamond Pro. Se termi-
nó de imprimir en Reprográficas
Malpe, en Madrid, en el mes de
junio del año 2024.